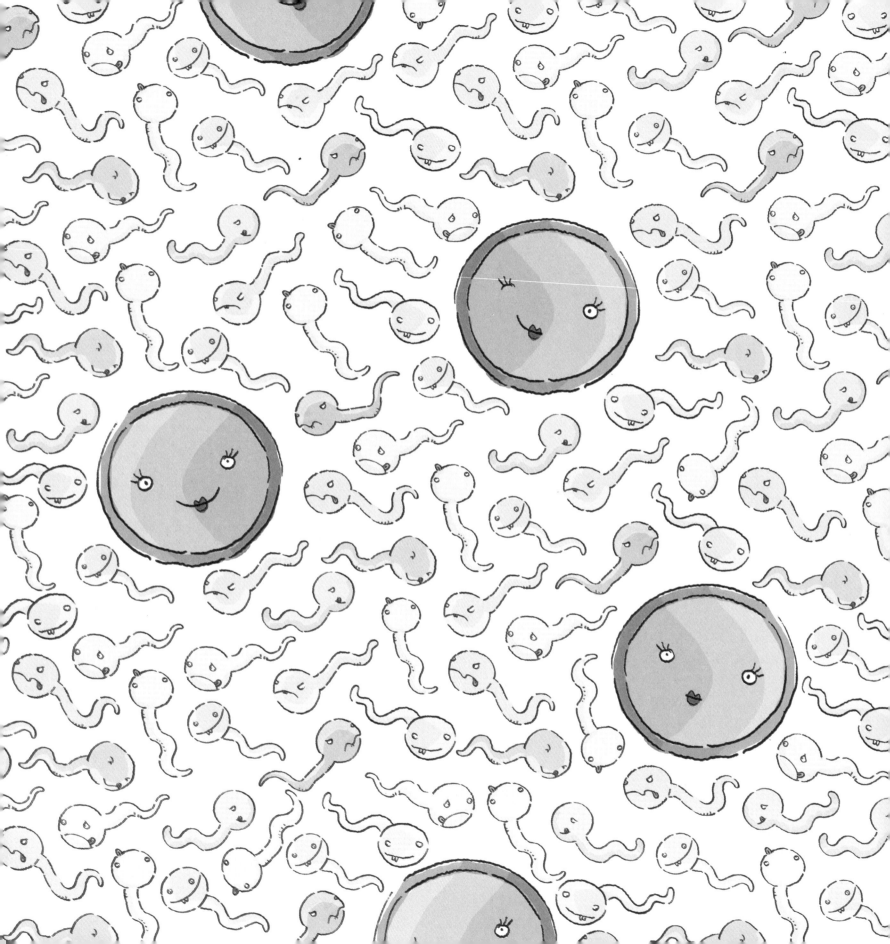

Cecilia Blanco

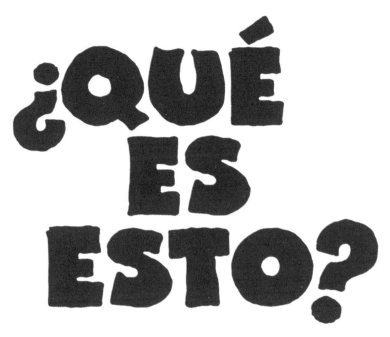

¿QUÉ ES ESTO?

La sexualidad explicada para niños

Ilustraciones
Daniel Löwy

Asesoramiento: Lic. Paula Budich

URANITO EDITORES
ARGENTINA - CHILE - COLOMBIA - ESPAÑA
ESTADOS UNIDOS - MÉXICO - PERÚ - URUGUAY - VENEZUELA

¿Qué es esto?
ISBN: 978-607-7835-93-6
1ª edición: 10 de julio 2013
3ª reimpresión: octubre de 2015

Edición: Anabel Jurado
Diseño Gráfico: Marcelo Torres

Ediciones Urano México, S.A. de C.V.
Insurgentes Sur 1722, ofna. 301, Col. Florida
México, D.F., 01030, México.
www.uranitolibros.com
uranitomexico@edicionesurano.com

Impreso en Impresos Vacha S.A. de C.V.
Juan Hernández y Dávalos #47, Col. Algarín
México D.F., 06880
Impreso en México – Printed in México

Índice

Prólogo

El valor de la palabra en la construcción de la sexualidad

Por Paula Budich*

Los descubrimientos del psicoanálisis respecto del desarrollo de la sexualidad infantil y el concepto del "inconsciente" no solo sirvieron para comprender la vida sexual humana, sino que revolucionaron la cultura del siglo XX. En un principio, se pensaba que las manifestaciones sexuales corporales previas a la pubertad eran signos de degeneración y se consideraba que tenían origen hereditario. Sin embargo, los progresos científicos vinculados al psiquismo demostraron lo contrario.

Para comprender el proceso de la sexualidad humana hay que ponerlo en perspectiva. El recién nacido trae impulsos sexuales en germen; las caricias y mimos de sus padres contribuyen a la erogeneidad de su cuerpo, necesaria para su desarrollo. Luego de un tiempo, esos impulsos van cayendo poco a poco bajo la barrera de la represión, lo que le permite al niño, a partir de aproximadamente los cinco años, ingresar a lo que se denomina "período de latencia". Allí se produce la construcción de diques, como la repugnancia, el pudor y la moral, porque el niño aún no puede responder a la sexualidad coital. Ello le permite orientar esas energías hacia otros fines, como la escolaridad y las actividades artísticas, deportivas y recreativas.

* Licenciada en Psicología (Universidad de Buenos Aires). Sexóloga clínica (Centro de Educación, Terapia e Investigación en Sexualidad). Profesora para la Enseñanza Media y Superior en Psicología (Universidad de Buenos Aires). Profesora para la Enseñanza Preescolar (Escuela Normal Superior de Quilmes, provincia de Buenos Aires).

El período de latencia, que dura aproximadamente hasta los ocho o nueve años, divide la sexualidad en dos momentos. El primero es cuando el niño descubre sus genitales y se toca, produciendo sensaciones placenteras en su propio cuerpo. Esto se conoce como masturbación infantil (anterior a los cinco años). El segundo momento, ya en la pubertad (a partir de los nueve o diez años), comienza con una búsqueda activa de lo que lo llevará a la elección del objeto, lo que les permite a los púberes empezar a mirar a los otros/as y a sentir los primeros cosquilleos. Este recorrido va llevando al sujeto a elegir compañeros/as sexuales y, poco a poco, a ir ingresando en el camino de la construcción de lo que será la sexualidad adulta.

Como psicoanalista vivo escuchando relatos acerca de los vericuetos de la sexualidad en mis pacientes y reconstruyendo lo que queda oculto de la historia sexual infantil. Tal como lo descubriera y explicara Freud, sabemos que existe un período sexual infantil que el sujeto adulto no puede recordar y que se denomina "amnesia infantil". Esta amnesia nos da la posibilidad de rastrear los antecedentes, entre otras cosas, de nuestro comportamiento sexual. Por lo tanto, el valor del relato es esencial para los sujetos humanos. Porque vivimos en una cultura a la que llegamos sin elegir, que nos conforma y nos forma a través de todo lo que vemos, oímos y vivimos en aquella familia que nos recibe.

Como somos sujetos de cultura atravesados por estímulos audiovisuales y tecnológicos, el niño se encuentra con un exceso de información y visión acerca de los cuerpos y de la sexualidad que probablemente lo desborde. En este siglo XXI, el niño está expuesto a muchas cosas que no conoce y con las cuales no sabe qué hacer, entonces hay que explicárselas. Y para hacerlo, qué mejor que un buen libro que tenga palabras claras y bellísimas imágenes, donde la sexualidad sea algo más de la vida cotidiana en la medida en que somos sujetos sexuados.

Cecilia Blanco nos ofrece un maravilloso relato para compartir entre los adultos y los niños. Invitándolos al diálogo, a generar preguntas, a investigar, a entender el cuerpo que habitamos y lo que nos pasa, y qué hacemos con eso que nos pasa. Que hay mujeres y varones y que, a medida que crecemos, se producen cambios externos e internos. Que los adultos mantienen relaciones sexuales y les gusta tenerlas. Que hay momentos para decidir ser mamás y papás y que eso implica una responsabilidad. Que es maravilloso poder elegir tener hijos y que es hermoso y misterioso (desde la mirada infantil) el crecimiento de la panza. Que no todos tenemos las mismas preferencias y que es bueno respetarnos. Que todo lo que nos hace bien y tiene que ver con el amor es verdaderamente fantástico. Que la intimidad hay que construirla, que al cuerpo hay que cuidarlo y que nadie debe hacernos nada que no queramos.

La sexualidad libre, respetuosa y responsable que cálidamente propone Cecilia es lo mejor que podemos transmitirles a los niños para contribuir a significar sus cuerpos de modo saludable.

Introducción

A los padres y adultos que compartan este libro con los niños

Sobre el tema de cómo hablar de sexualidad con los niños, los adultos siempre tenemos más dudas que certezas: *¿Debo empezar yo o esperar a que me pregunte? ¿Hasta dónde tiene que saber? ¿Conviene explicarle esto? ¿Qué le digo sobre aquello? Y si no le interesa, ¿es normal?*

Les propongo dejar a los niños de lado por un momento y reflexionar sobre nuestra propia infancia. Seguramente podremos recordar que la sexualidad no apareció de un día para el otro, sino que estuvo presente desde siempre, formando parte de nuestra personalidad. Nunca fuimos angelitos, seres asexuados flotando entre nubes; fuimos niños reales a los que les pasaron cosas buenas y malas. Junto con la leche tibia, nuestros padres nos transmitieron sus valores, tanto con palabras como con silencios. En una dimensión más amplia, nuestra sexualidad fue marcada también por el contexto histórico, cultural y religioso que nos tocó vivir.

Han pasado unos cuantos años desde esa época y, aunque aún persistan prejuicios, informaciones erróneas y tabúes, vivimos en una sociedad que empieza a debatir, visibiliza los problemas y sanciona leyes sobre temas de sexualidad. Sin embargo, la apertura social empieza por la mental de cada uno de nosotros, que somos los responsables de tender un puente afectivo e intelectual para dar información a las nuevas generaciones.

Espero que este libro sea una herramienta más para construir ese puente. Mientras lo escribía, me di cuenta de que iba a ser un trabajo "incompleto". Por un lado, porque quedaron afuera muchos temas –¡era imposible abarcarlos a todos!–, como la fertilización asistida, los embarazos múltiples o la transexualidad. Por el otro, porque necesita de adultos cercanos al niño para responder las preguntas que surgirán de su lectura. Respuestas que vendrán con la necesaria carga de valores, creencias e ideología que cada uno tiene. Será un libro que completará cada adulto que acompaña al niño en la lectura y que, a su vez, se podrá abordar desde cualquier página. Porque si el niño, por ejemplo, va a tener un hermanito, quizás esté muy intrigado con la panza de su madre y empiece el libro por ese capítulo. O, tal vez, un programa de televisión le haya despertado una duda acerca de la homosexualidad, y entonces será ese el capítulo que elija. Mi mayor anhelo es que sea un libro para disparar diálogos enriquecedores.

Porque sexualidad implica hablar de órganos genitales, sí, pero también de género. Es explicar cómo se concibe un bebé, pero también es afirmar que las personas tienen relaciones sexuales porque les gusta, no solo con fines reproductivos. Sexualidad es placer, deseos, sentimientos, amor, desde que nacemos hasta que morimos. No hay que tener miedo de dar información. No haremos que los niños desarrollen conductas precoces referidas a su sexualidad, sino que les transmitiremos que el sexo es bueno y natural.

El conocimiento hace libres a los hombres. Un niño no es la excepción. Si tiene una correcta información acerca de la sexualidad, tendrá menos temores, podrá expresar con mucha más seguridad lo que le gusta y lo que no, cuidará su cuerpo y será más feliz.

C.B.

¿QUÉ ES LO QUE TENGO AQUÍ ABAJO?

Nuestro cuerpo

Las niñas y los niños son muy parecidos. Tienen cabeza, brazos, piernas, pelo lacio o rizado, ojos, nariz, boca, orejas, diez dedos en las manos, otros diez en los pies...

Sin embargo, algunas partes de sus cuerpos son bien diferentes. Ya se imaginan cuáles son, ¿no?

14

La primera diferencia es que los niños tienen **pene** y las niñas, **vulva**. Quizás no conozcan estos nombres porque los llaman de otra manera. Como cuando le decimos "maceta" a la cabeza o "timbre" al ombligo. ¡Algunos nombres son muy graciosos! Pero más allá del apodo que cada uno quiera ponerles, estas partes de nuestro cuerpo tienen nombre: pene y vulva.

PENE

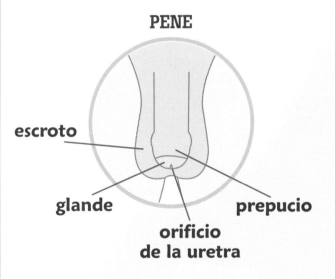

escroto

glande   prepucio

orificio
de la uretra

Los niños pueden ver sus órganos sexuales con solo bajarse los calzoncillos.

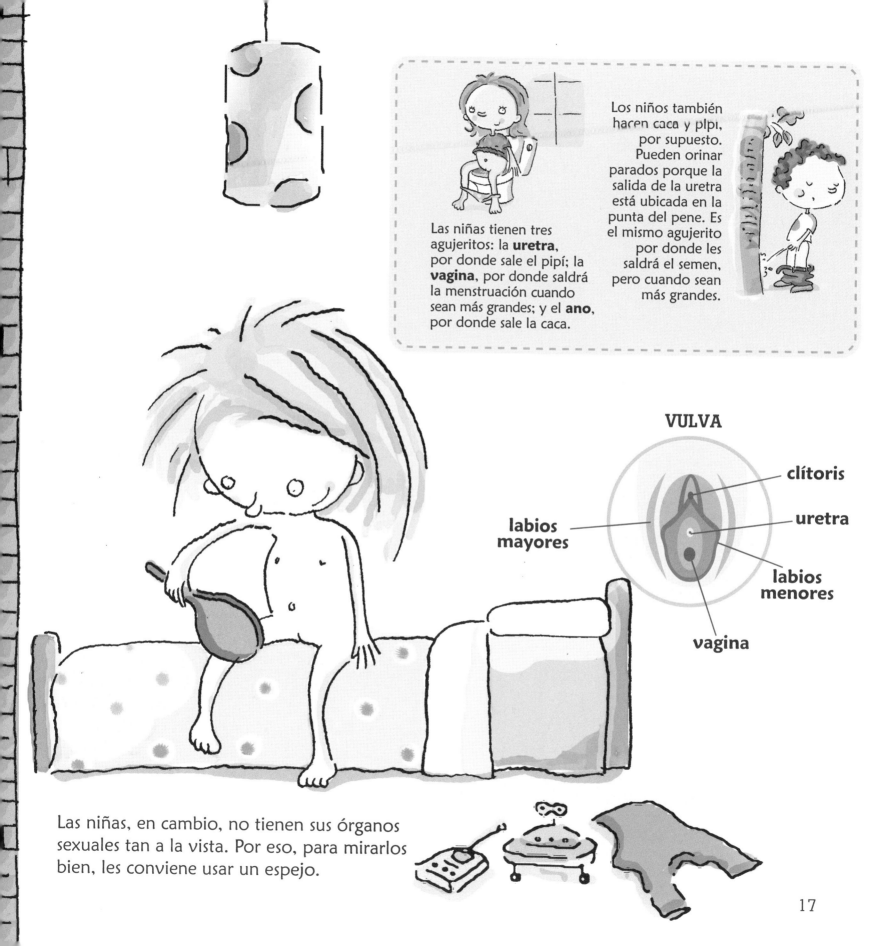

Las niñas tienen tres agujeritos: la **uretra**, por donde sale el pipí; la **vagina**, por donde saldrá la menstruación cuando sean más grandes; y el **ano**, por donde sale la caca.

Los niños también hacen caca y pipí, por supuesto. Pueden orinar parados porque la salida de la uretra está ubicada en la punta del pene. Es el mismo agujerito por donde les saldrá el semen, pero cuando sean más grandes.

VULVA

clítoris

uretra

labios mayores

labios menores

vagina

Las niñas, en cambio, no tienen sus órganos sexuales tan a la vista. Por eso, para mirarlos bien, les conviene usar un espejo.

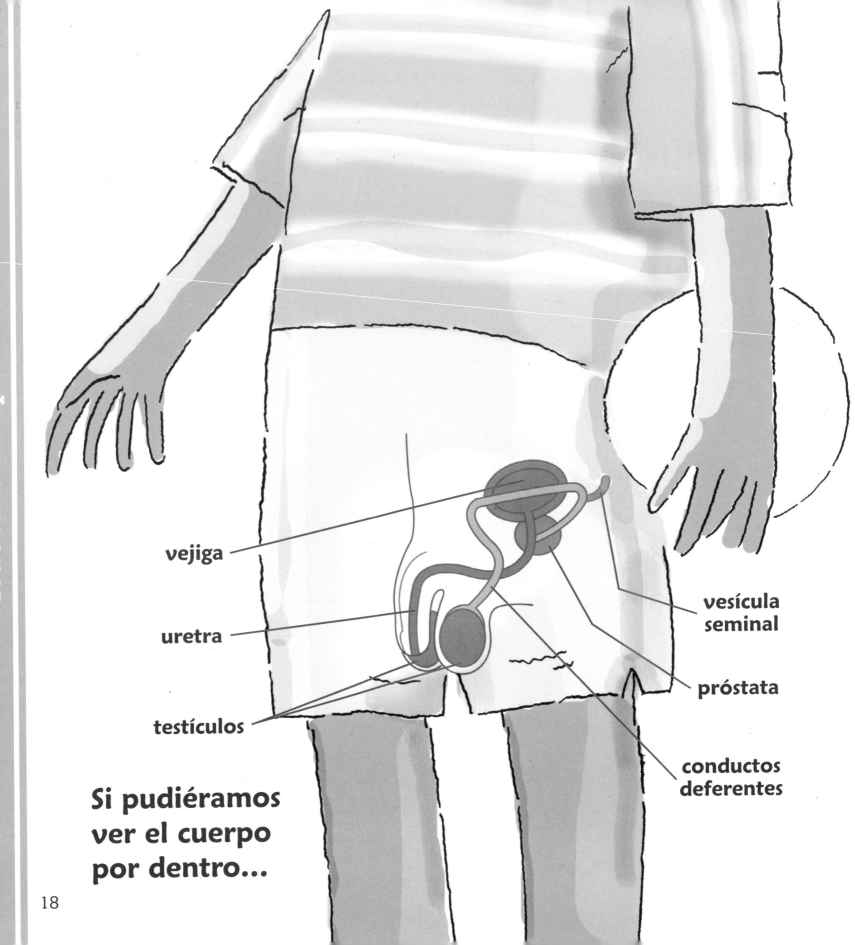

vejiga

uretra

testículos

vesícula
seminal

próstata

conductos
deferentes

**Si pudiéramos
ver el cuerpo
por dentro...**

18

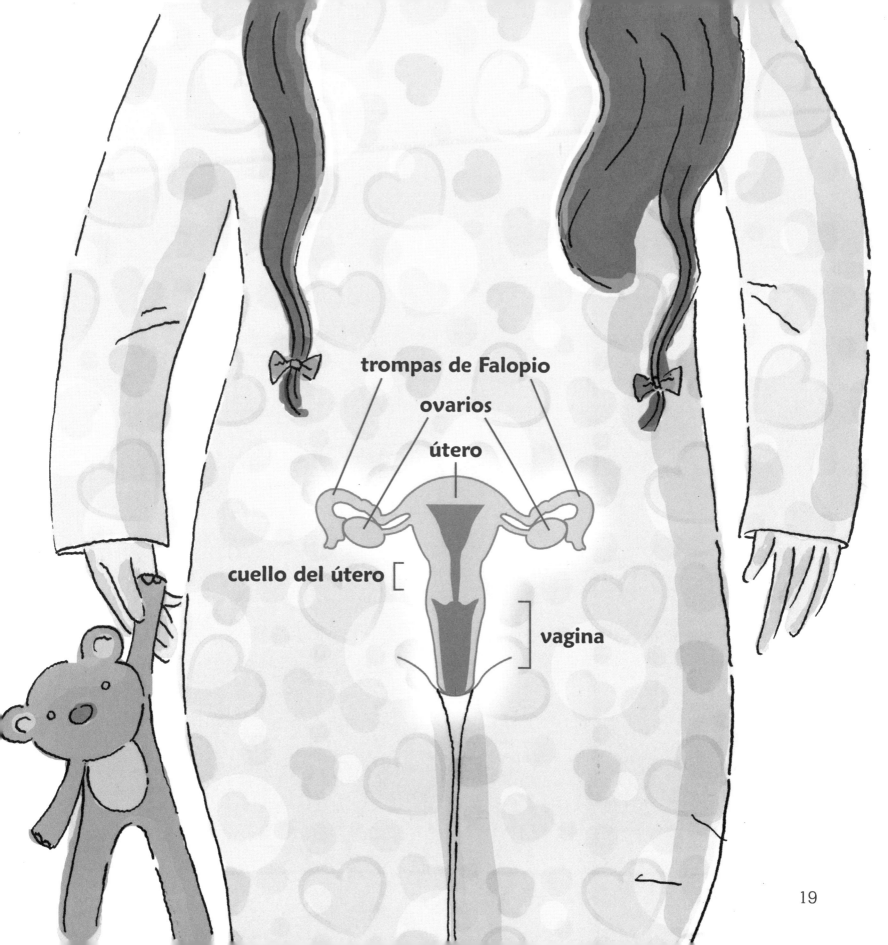

trompas de Falopio

ovarios

útero

cuello del útero

vagina

No hay órganos que le falten a uno o que le sobren a otro, simplemente hay partes del cuerpo diferentes en los niños y las niñas.

Sin embargo, hay algo que a todos les gusta por igual… ¡jugar!

Hay mujeres que juegan muy bien al fútbol.

Hay varones a los que les gusta cocinar.

El rosa es el color preferido de algunas niñas, pero otras lo detestan.

Hay niños que se arreglan mucho después de bañarse… y otros que, si pudiesen, no se bañarían nunca.

Todos tienen amigos y amigas, pero por alguno pueden sentir algo distinto a la amistad. Como un cosquilleo en la panza, o algo que los hace ponerse colorados.
A esa persona tan especial le querrían escribir cartas, hacer regalos, dar un beso, tomarla de la mano, contarle secretos…

21

Capítulo 2

Y A ELLOS, ¿QUÉ LES PASÓ?

La pubertad

Las niñas saben que si bien ahora su pecho es plano como el de los varones, habrá un día en que podrán usar sostén.

Los niños saben que, si bien ahora no tienen pelo en ningún lado, salvo en la cabeza, habrá un día en que se afeitarán o se podrán dejar la barba y el bigote.

Porque a medida que crecemos, el cuerpo se va transformando y preparándose para lo que está por venir.

Más o menos entre los diez y los trece años, a las niñas les empiezan a crecer los **pechos**. También les salen pelitos debajo de las axilas y en el **pubis**. Las caderas se les hacen más anchas y la cintura se les afina.

Pero el cambio más impactante es que comienzan a menstruar.

En la pubertad, los ovarios empiezan a producir óvulos, es decir, comienza la etapa en la que las mujeres pueden tener bebés.

Todos los meses, un **óvulo** sale del ovario. El útero se va llenando de sangre, para prepararse por si el óvulo es fecundado por un espermatozoide. Pero como esto no sucede, al cabo de un mes, el óvulo sale junto con la sangre por el agujerito de la vagina. Eso se llama **menstruación**.

Que a una mujer le salga sangre no quiere decir que se haya lastimado ni que le esté pasando nada malo; al contrario, significa que todo funciona perfectamente. La única precaución que debe tomar es usar toallitas sanitarias o tampones durante los días que dura la menstruación, para que la sangre no manche su ropa.

A los varones, más o menos entre los once y los catorce años, les salen pelos en las axilas, las piernas, el pubis, el pecho y la cara. La voz se les hace más grave y la espalda más ancha. El pene y los testículos se les agrandan.

Pero el cambio más impactante es que comienzan a eyacular.

En cierto momento, los testículos empiezan a producir espermatozoides, es decir, comienza la etapa en la que los hombres pueden tener bebés.

Los espermatozoides son millones y están en los testículos. Dentro del cuerpo, se mezclan con un líquido blanco, el **semen**. Cuando el semen sale por la uretra en forma de chorritos, se llama **eyaculación**.

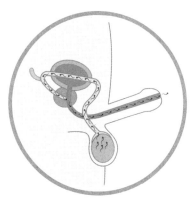

Los varones tienen erecciones (el pene se eleva y se pone duro) desde que son bebés. Pero en esta época les pasa más a menudo, muchas veces sin que ellos se den cuenta: cuando están durmiendo, cuando viajan, cuando piensan en alguien que les gusta.

La **pubertad** es un momento de grandes cambios para los varones y para las mujeres. Es común que les salgan granitos porque la piel se pone más grasosa, que tengan olor a transpiración, que la ropa les quede chica de un día para el otro.

Acariciarse los órganos sexuales para sentir sensaciones agradables se llama **masturbación**. Masturbarse es una manera de conocer nuestro cuerpo. No tiene nada de malo, y lo hacen tanto los varones como las mujeres, grandes y chicos. Pero algunas personas dicen que los que se tocan ahí abajo se pueden enfermar... **¡qué tontería!**

¡QUÉ TONTERÍA!

En esta etapa empiezan a salir solos con amigos y amigas, y muchos se ponen de novios por primera vez.

Capítulo 3

¿ QUÉ HACEN DETRÁS DE LA PUERTA?

Las relaciones sexuales

Enamorarse es algo maravilloso.
Cuando dos personas están enamoradas,
les gusta demostrar cuánto se quieren.
Se dan besos, salen a pasear abrazados,
se acarician, hacen proyectos juntos,
se ríen y parten por la mitad
los chocolates.

Cuando dos personas se quieren mucho, una de las maneras de dar y recibir amor es teniendo relaciones sexuales.
Por eso le decimos "hacer el amor" a tener una relación sexual.

Es algo que hacen las personas grandes, cuando nadie las puede ver ni escuchar. Porque es algo entre esas dos personas.

¿**C**ómo se hace el amor? De muchas maneras. Vamos a contar una de ellas.

El hombre y la mujer están desnudos, se acarician, se dicen cosas lindas, se besan. Poco a poco, el pene del hombre se pone grande y duro. La vulva de la mujer se humedece, para recibirlo.

En un momento, el hombre introduce el pene en la vagina de la mujer. A los dos les gusta mucho moverse y besarse mientras están así unidos. De pronto, el hombre tiene una sensación placentera mucho más fuerte, como un estallido dentro de su cuerpo. Se llama **orgasmo**, y al mismo tiempo, eyacula dentro de la vagina. La mujer puede sentir ese estallido de placer varias veces mientras están juntos. Luego del orgasmo, el pene vuelve a ponerse blando y el hombre lo retira de la vagina.

Las personas hacen el amor a lo largo de toda su vida. Desde que son jóvenes hasta que son viejitos.

Muchas veces, un hombre y una mujer enamorados deciden ir a vivir juntos. Decoran su nueva casa, hacen las compras, cocinan, limpian, reciben amigos, tienen una mascota, duermen en la misma cama, hacen el amor.

También puede pasar que decidan tener un bebé.

¡QUÉ TONTERÍA!

Hace muchísimos años, a los niños se les decía que cuando una pareja quería un bebé tenía que escribir una carta a París. Y que a los nueve meses venía una cigüeña a traerles el "pedido" a domicilio...
¡qué tontería!

35

Capítulo 4

¿CÓMO ENTRÓ EL BEBÉ EN LA PANZA?

El embarazo

¿**R**ecuerdan que en el capítulo 2 hablamos de que los óvulos salían de los ovarios? ¿Recuerdan que también dijimos que en los testículos había millones de espermatozoides? Pues bien, los "ingredientes" principales para hacer un bebé son un óvulo y un espermatozoide.

El encuentro entre ellos se llama **fecundación**. Veamos cómo se produce:
Como todos los meses, un óvulo sale del ovario y viaja tranquilamente por la trompa de Falopio. Pero si el hombre y la mujer hicieron el amor y el pene eyaculó en la vagina, millones de espermatozoides comienzan a subir rápidamente por el útero en dirección a las trompas.

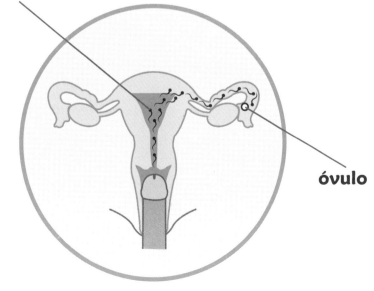

espermatozoides

óvulo

espermatozoides — 1

óvulo — 1

Solo uno de los espermatozoides
que participa de la carrera
consigue ingresar al óvulo.
¡Es el ganador! Los demás
serán eliminados.

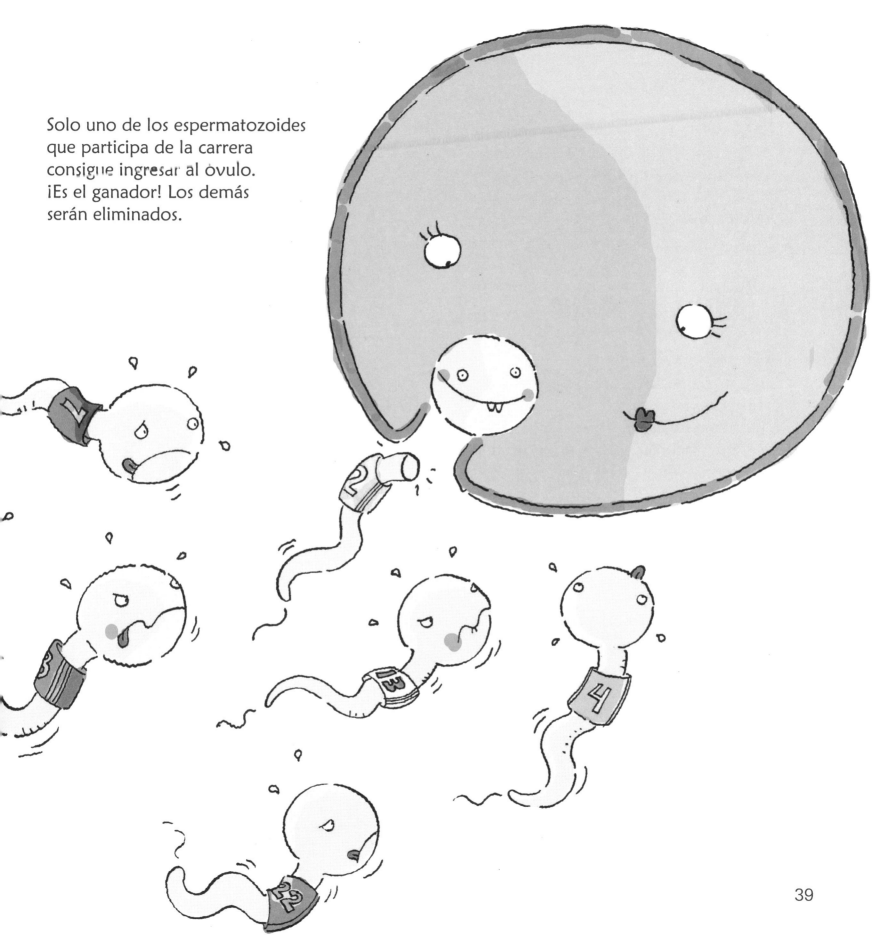

El óvulo y el espermatozoide forman un **embrión**. Es muy pequeño (como este punto: •), pero contiene toda la información de cómo será esa futura persona: el color de pelo, el sexo, si será alto o bajo, si tendrá las orejas grandes o pequeñas, etcétera.

¿Recuerdan que habíamos dicho que el útero se llenaba de sangre por si llegaba un óvulo fecundado por un espermatozoide?

¡El gran día llegó! El embrión se instala en el útero. A partir de ese momento, crece, crece y crece sin parar.

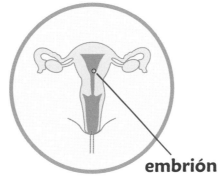

embrión

"¿Estaré embarazada?", se pregunta la mujer cuando la menstruación no llega en la fecha en que suele hacerlo. Para quitarse la duda, se hace una prueba de embarazo.

Durante los primeros meses del embarazo, se forma el **cordón umbilical**, que comunica al **feto** con el cuerpo de la mujer. Por ese tubito, parecido a una manguera, recibe todo lo que necesita para vivir: comida y oxígeno. Por eso es tan importante que la mamá no fume y que se alimente correctamente, ¡lo malo y lo bueno lo recibe el feto también!

Dentro del útero se forma una especie de bolsa con **líquido amniótico**. El feto flota en ese líquido como si fuera un astronauta. Es un lugar tibio, no hace ni calor ni frío y da protección al feto.

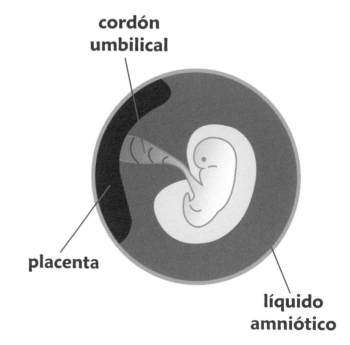

cordón umbilical

placenta

líquido amniótico

En una futura mamá, el útero se irá agrandando para dejarle lugar al feto que está creciendo adentro. Por el cuarto mes de embarazo se le empezará a notar la pancita.

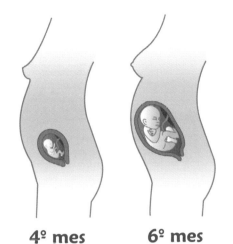

4º mes　　**6º mes**

Y no solo el útero se agranda, los pechos también. Es porque se están preparando para tener leche, que será el primer alimento del bebé cuando salga de la panza.

El médico le hace ultrasonidos a la mamá para saber si el feto está creciendo bien. En los primeros ultrasonidos, ya se ve su corazoncito que late en la pantalla. En los últimos, se puede saber si es varón o mujer, porque en la imagen se nota si tiene pene o vulva.

Los papás compran pañales y ropitas, consiguen la cuna, el cochecito y la sillita, se ponen de acuerdo en qué nombre va a tener su hijo o hija, van juntos al médico, hablan con amigos y parientes para que los aconsejen. Están muy contentos, pero también preocupados: tener un bebé es una gran responsabilidad.

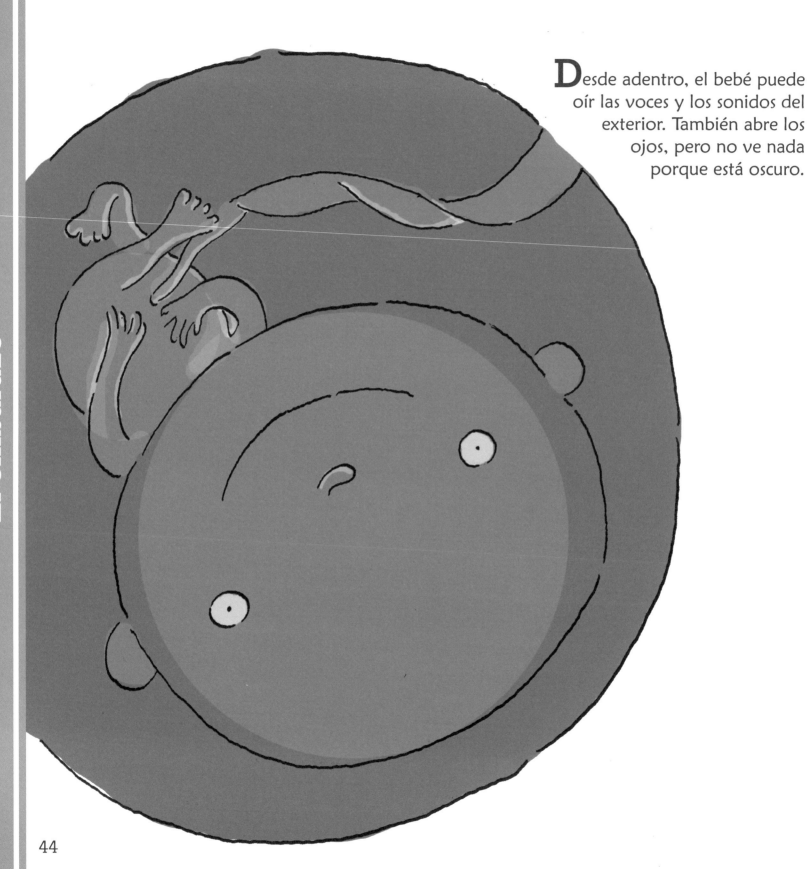

Desde adentro, el bebé puede oír las voces y los sonidos del exterior. También abre los ojos, pero no ve nada porque está oscuro.

El bebé se mueve constantemente adentro de la panza. Pero a partir del quinto mes, los movimientos se pueden percibir desde afuera. ¡Empieza a dar patadas!

¡QUÉ TONTERÍA!

Los antojos son las ganas irrefrenables que tienen algunas embarazadas de comer algo que les gusta mucho. Algunas personas dicen que si no se dan el gusto, el bebé nacerá con una mancha en la piel... **¡qué tontería!**

Entre el séptimo y el noveno mes, el bebé ya está totalmente formado, pero sigue adentro, engordando y poniéndose fuerte. Es común que se dé vuelta y quede cabeza abajo, porque esa es la manera más fácil de salir.

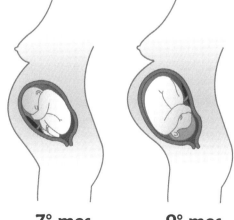

7º mes   **9º mes**

Al final del noveno mes, la mamá camina muy lentamente, se siente pesada. El papá la cuida más que nunca. Los dos están muy ansiosos, como cuando uno se va de viaje y a cada rato pregunta: "¿cuánto falta?".

45

Capítulo 5

¿ POR DÓNDE VA A SALIR ?

El parto

Hay un día del año que no es igual a los otros: el día de nuestro cumpleaños. Esa es la fecha en que nacimos y, aunque nadie recuerde cómo llegó al mundo, fue algo más o menos así:

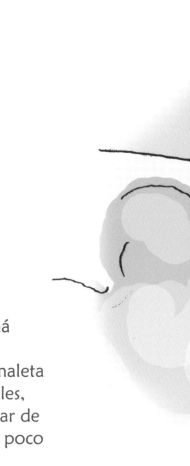

La mamá empieza a sentir unos dolores muy especiales, las **contracciones**. La panza se le pone dura... y se afloja. Al rato se le vuelve a poner dura... y se afloja. Este es el aviso que le da su cuerpo de que el bebé quiere salir.

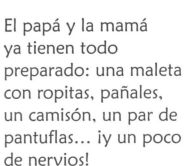

El papá y la mamá ya tienen todo preparado: una maleta con ropitas, pañales, un camisón, un par de pantuflas... ¡y un poco de nervios!

En el hospital, el médico revisa a la mamá para ver si todo está bien. Las contracciones hacen que el cuello del útero, que hasta ahora estuvo cerrado, se vaya haciendo más grande.
Cuando la abertura del útero tiene el tamaño como para que pase la cabeza del bebé, comienza el **parto**.

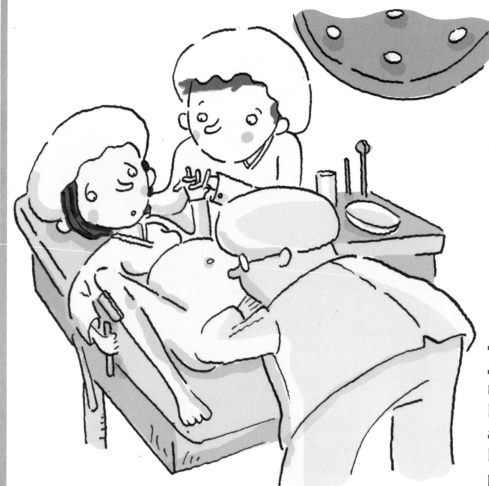

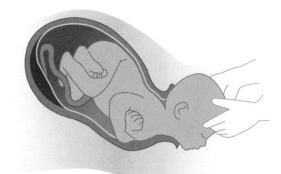

Parto natural

En la sala de partos ponen a la mamá en una camilla especial. El papá puede estar presente, acompañándola y dándole ánimo. El médico y sus ayudantes se preparan para recibir al bebé. La mamá empuja con todas sus fuerzas, hasta que el bebé sale. ¿Por dónde? Por la vagina, que se estira como si fuera de goma para dejarlo pasar.

Lo primero que hará el bebé será gritar bien fuerte, y todos en la sala se pondrán felices de oírlo.
El médico lo recibe y le corta el cordón umbilical. ¿Por qué? ¡Porque ya no lo necesita! A partir de ese momento, el aire le llegará a los pulmones por la nariz, y el alimento, por la boca.

El ombligo es el recuerdo que nos queda del lugar donde estuvo nuestro cordón umbilical.

Algunas veces el nacimiento ocurre de otra manera.

Cuando el bebé no está ubicado dentro de la panza cabeza abajo, o cuando hay algún otro problema, el médico puede decidir que el parto sea por **cesárea**.

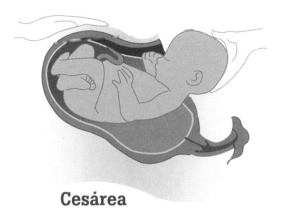

Cesárea

En ese caso, la mamá no hace fuerza para que salga. Se queda quieta en la camilla, le ponen una inyección con anestesia para que no sienta ningún dolor y el médico le hace un corte en la panza. Por ahí sale el bebé, tan gritón como el que salió por la vagina. Y todos, al escucharlo, se ponen igual de felices. Luego, a la mamá le cosen la herida como en cualquier cirugía.

Después del parto, la mamá y el bebé se quedan un par de días en el hospital. Cuando los médicos comprueban que los dos están bien, se pueden ir.

Los primeros días en la casa serán muy movidos.

El bebé come
a cada rato.

Se hace pipí
y caca a cada
rato.

Llora a
cada rato.

Mientras el bebé se amamanta, la leche se "fabrica" constantemente dentro del cuerpo de la mamá. Algunas personas dicen que una mujer con pechos pequeños no tendrá suficiente leche para su hijo... **¡qué tontería!**

¡QUÉ TONTERÍA!

Y a cada rato, duerme... ¡por suerte!

53

Capítulo 6

¿ HACEN EL AMOR O HACEN BEBÉS?

Los métodos anticonceptivos

Si para que nazca un bebé se necesita que una mujer y un hombre hagan el amor, alguno de ustedes se podría preguntar:
"si yo tengo un hermano, ¿eso quiere decir que mi papá y mi mamá lo hicieron dos veces?".

La respuesta es "no".

Los hombres y las mujeres tienen relaciones sexuales porque les gusta, no porque quieran tener un bebé cada vez que las tienen.

56

Pero si no se cuidan, existe la posibilidad de que la mujer quede embarazada.

¿Qué significa "cuidarse"?

Usar un **método anticonceptivo**.

Los métodos anticonceptivos impiden la fecundación. Por ejemplo, las mujeres pueden usar unas pastillas que les receta el médico. Tomando una por día, se impide que el óvulo salga del ovario.

En las tiendas, podemos ver el más popular de los métodos anticonceptivos: el **preservativo**. También se le llama profiláctico o condón.

Es una especie de globito que el varón se pone en el pene antes de tener una relación sexual. Cuando eyacula, el semen que contiene los espermatozoides queda dentro del preservativo.

Además de impedir que se produzca un embarazo, el preservativo sirve para otra cosa: previene enfermedades.

El sida se origina cuando el virus VIH entra en una persona. Quizás también hayan escuchado que lo llaman **VIH-SIDA**.

El virus VIH se contagia por medio del semen y del flujo que hay en la vagina. Por eso las parejas usan preservativos cuando tienen relaciones sexuales.

Pero hay otra manera de contagiarse: a través de la sangre. Por eso no hay que compartir cepillos de dientes, maquinitas de afeitar ni tocar jeringas usadas.

Las personas van al hospital a hacerse un análisis de sangre para saber si tienen el virus VIH. Es muy importante que se lo realicen las embarazadas, porque si lo tienen, pueden evitar que el bebé se contagie.

¡QUÉ TONTERÍA!

Darse un beso, abrazarse, nadar en la misma alberca, compartir la ropa o la comida... todas estas cosas NO contagian el VIH. Y el que afirme lo contrario **¡está diciendo una tontería!**

Capítulo 7

¿VARONES con VARONES?
¿MUJERES con MUJERES?

La diversidad sexual

Una mujer puede enamorarse de un hombre. Un hombre puede enamorarse de una mujer.

Pero el camino del amor puede tomar otras direcciones. Y entonces…

Una mujer puede enamorarse de otra mujer. Un hombre puede enamorarse de otro hombre.

Un **homosexual** es alguien al que le gustan las personas de su mismo sexo. También se le llama **gay**, si es hombre, o **lesbiana**, si es mujer. Un **heterosexual** es alguien al que le gustan las personas del sexo opuesto.

Hay cosas que se eligen y otras que no. Elegimos a nuestros amigos o qué sabor de helado nos gusta más.

Pero no podemos elegir dónde nacemos o el color de ojos que tenemos. Tampoco elegimos ser homosexuales o heterosexuales.

¡QUÉ TONTERÍA!

Hay muchas personas que se burlan de los homosexuales. Los ven como gente "rara", que hace cosas que no están bien. Algunos piensan que la homosexualidad es una enfermedad y, por temor a que se "contagien", no quieren que sus hijos estén cerca de ellos. ¡Qué tontería!

Limpiar la casa, cuidarse uno a otro cuando están enfermos, llevar a los hijos a la escuela, ir de vacaciones, besarse, tener relaciones sexuales... Una pareja de gays o de lesbianas hacen las mismas cosas que una formada por un hombre y una mujer.

Capítulo 8

¿ ESTÁ BIEN O ESTÁ MAL ?

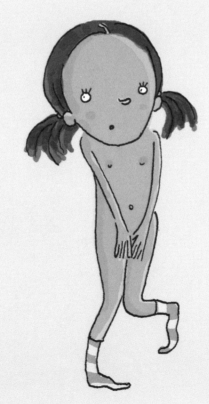

Cuidamos nuestro cuerpo

¡**Q**ué divertido es bañarse!

¡Qué bueno es que nadie interrumpa!

Hay partes del cuerpo que están ocultas debajo de la ropa interior. Son nuestras partes íntimas y no queremos que cualquiera las vea. Por eso, cuando vamos al baño o nos desvestimos, cerramos la puerta. Ciertas cosas las hacemos a solas, en nuestra intimidad.

68

Pero también tenemos que respetar
el cuerpo y la intimidad de
los demás.

No vale espiar.

Ni hacer algo que el otro no quiera.

Ni burlarse
de alguien
por cómo es.

Las personas que se quieren se abrazan, se besan y se hacen cariños. ¡Eso está muy bien!

Pero hay personas grandes que se acercan a los niños y niñas para hacerles cosas que a ellos no les gustan. Como tocarlos en sus partes íntimas o pedirles que los toquen. ¡Eso no está bien!

Un niño o una niña que siente que alguien hace algo que no le gusta debe decirle: ¡No me gusta! ¡No lo hagas! ¡NO!

Pero si no se animan a decírselo, no importa. Porque se lo pueden contar a una persona en quien confíen: la mamá, el papá, el abuelo, la abuela, la maestra. Ellos los van a ayudar.

Hay secretos que debemos guardar, como cuando un amigo nos dice que está enamorado y nos pide que no se lo contemos a nadie. Pero si alguien, después de hacernos algo que no nos gusta, nos pide que guardemos el secreto, no hay que hacerle caso, hay que contarlo.

Varones y mujeres. Chicos y grandes. Heterosexuales y homosexuales. Con capacidades de todo tipo. Lindos, feos y más o menos. Enamorados o desenamorados… ¡Todos tenemos sexualidad!

Este libro se acaba, pero quizás no las preguntas y las ganas de saber más. Para eso siempre habrá alguien cerca que quiera sentarse a conversar con ustedes.

Agradecimientos

*A Analía Pesl, psicóloga; Mario Sebastiani, médico obstetra;
y Paula Budich, sexóloga clínica. Tres miradas profesionales
y humanas que enriquecieron mi trabajo.*

A Dani Löwy, porque a este libro lo parimos juntos.

*A Anabel Jurado y a todo el equipo de Uranito Editores,
por la libertad que me dieron para trabajar y por
haberse jugado por este proyecto.*

C.B.

Glosario

Ano:
Orificio al final del intestino por donde salen los excrementos.

Cesárea:
Operación médica para sacar al bebé abriendo el útero de la madre.

Clítoris:
Pequeño órgano que sobresale de la vulva y que tiene como única función el placer sexual.

Conductos deferentes:
Canales por donde pasan los espermatozoides desde los testículos hasta la vesícula seminal.

Contracciones:
Endurecimientos del abdomen de la mujer embarazada para expulsar el bebé.

Cordón umbilical:
Conducto que une la placenta de la madre con el vientre del feto, para que este se alimente.

Cuello del útero:
Parte baja y angosta del útero que tiene un agujero por donde sale la menstruación. Durante el parto, se dilata para dejar pasar al bebé.

Embrión:
Ser vivo en su primera etapa de desarrollo. En los humanos, desde que se une el óvulo con el espermatozoide hasta el segundo mes del embarazo.

Escroto:
Bolsa de piel que cubre los testículos.

Espermatozoide:
Célula reproductora masculina.

Eyaculación:
Expulsión del semen por el pene.

Fecundación:
Unión de un espermatozoide con un óvulo.

Feto:
Bebé en desarrollo dentro del útero, desde el tercer mes de embarazo hasta el nacimiento.

Gay:
Hombre homosexual.

Glande:
Cabeza del pene.

Heterosexual:
Persona a la que le atraen sexualmente individuos del sexo contrario.

Glosario

Homosexual:
Persona a la que le atraen sexualmente individuos del mismo sexo.

Labios mayores y menores:
Los pliegues de piel que tiene la vulva a ambos lados.

Lesbiana:
Mujer homosexual.

Líquido amniótico:
Fluido en el que está sumergido el embrión o el feto dentro del útero.

Masturbación:
Acariciarse los órganos genitales para obtener placer sexual.

Menstruación:
Pérdida de sangre que tienen las mujeres una vez por mes.

Método anticonceptivo:
Distintas maneras de evitar que la mujer quede embarazada.

Orgasmo:
El momento más intenso del placer sexual.

Ovario:
Órgano femenino donde se producen los óvulos.

Óvulo:
Célula reproductora femenina.

Parto:
Salida del bebé del útero.

Pechos:
Los dos bultos que tienen las mujeres en la parte frontal del cuerpo y que sirven para amamantar al bebé.

Pene:
Órgano por donde el hombre orina o eyacula.

Placenta:
Órgano que se forma en el útero que comunica al bebé con la madre y del que nace el cordón umbilical.

Prepucio:
Piel que cubre el glande.

Preservativo:
Funda fina y elástica para cubrir el pene a fin de evitar la fecundación o el posible contagio de enfermedades.

Próstata:
Una de las glándulas masculinas que elabora el semen.

Pubertad:
Paso de la infancia a la edad adulta, cuando se producen grandes cambios en el cuerpo.

Glosario

Pubis:
Parte inferior del vientre, que en los adultos está cubierta de vello.

Semen:
Líquido blanco y espeso que contiene los espermatozoides.

Testículo:
Órgano masculino donde se producen los espermatozoides.

Trompa de Falopio:
Conducto por donde pasan los óvulos desde el ovario hasta el útero.

Uretra:
Conducto por donde sale la orina desde la vejiga hacia el exterior.

Útero:
Órgano femenino en forma de pera, donde se aloja el embrión y el feto.

Vagina:
Órgano femenino elástico y en forma de tubo que comunica el útero con la vulva.

Vejiga:
Órgano interno de hombres y mujeres donde se junta la orina.

Vesícula seminal:
Una de las glándulas masculinas que elabora el semen.

VIH-Sida:
Enfermedad producida por un virus que, al ingresar a un cuerpo, hace que este no pueda defenderse de las infecciones.

Vulva:
Conjunto de las partes que rodean la abertura externa de la vagina.

Cecilia Blanco nació en Argentina. Es licenciada en Periodismo, editora y escritora. Trabajó en distintos medios de comunicación y se especializó en el área infantil. Actualmente se dedica a escribir cuentos y textos informativos para niños. En Uranito es autora de las colecciones *Famosísimos*, *Otros Monstruos* y *Fábulas de Mayor a menor*.

Daniel Löwy nació en Argentina. Es diseñador gráfico y dibujante. Autor de la historieta "Vida de padres", que se publica mensualmente en la revista argentina *La Valijita*. Es además humorista gráfico en la revista *Newsweek* e ilustrador en *Forbes*. Dicta talleres de dibujo para niños en instituciones y escuelas. *¿Qué es esto?* es su primer libro como ilustrador.

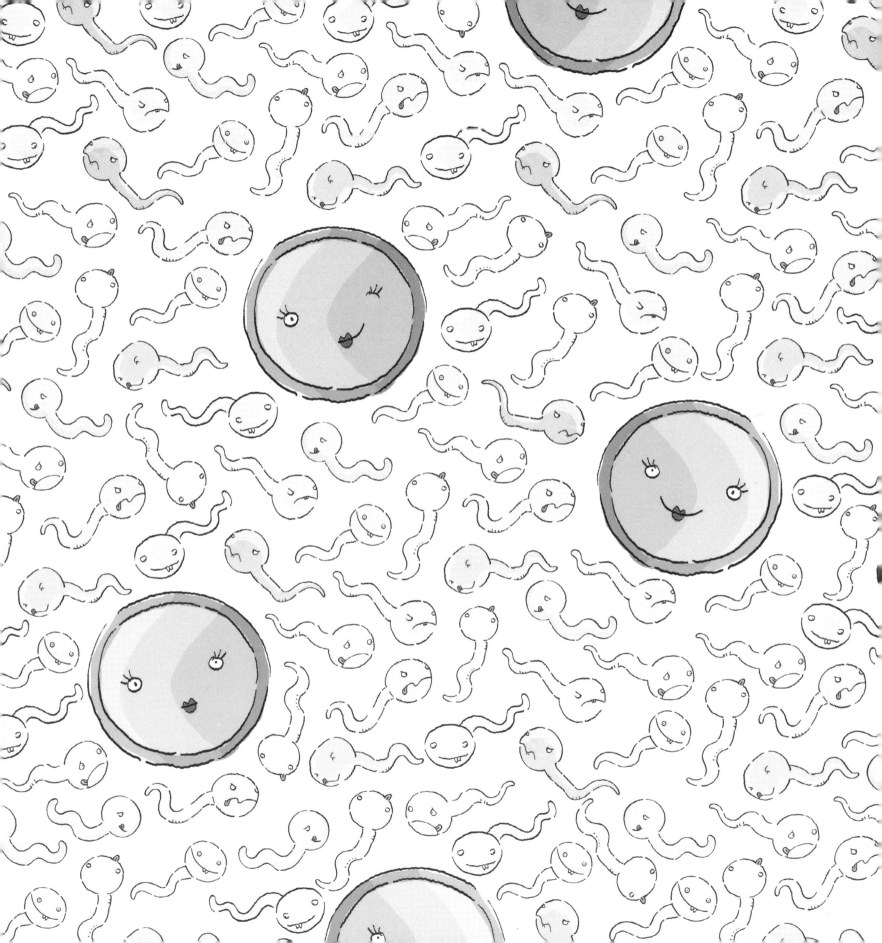

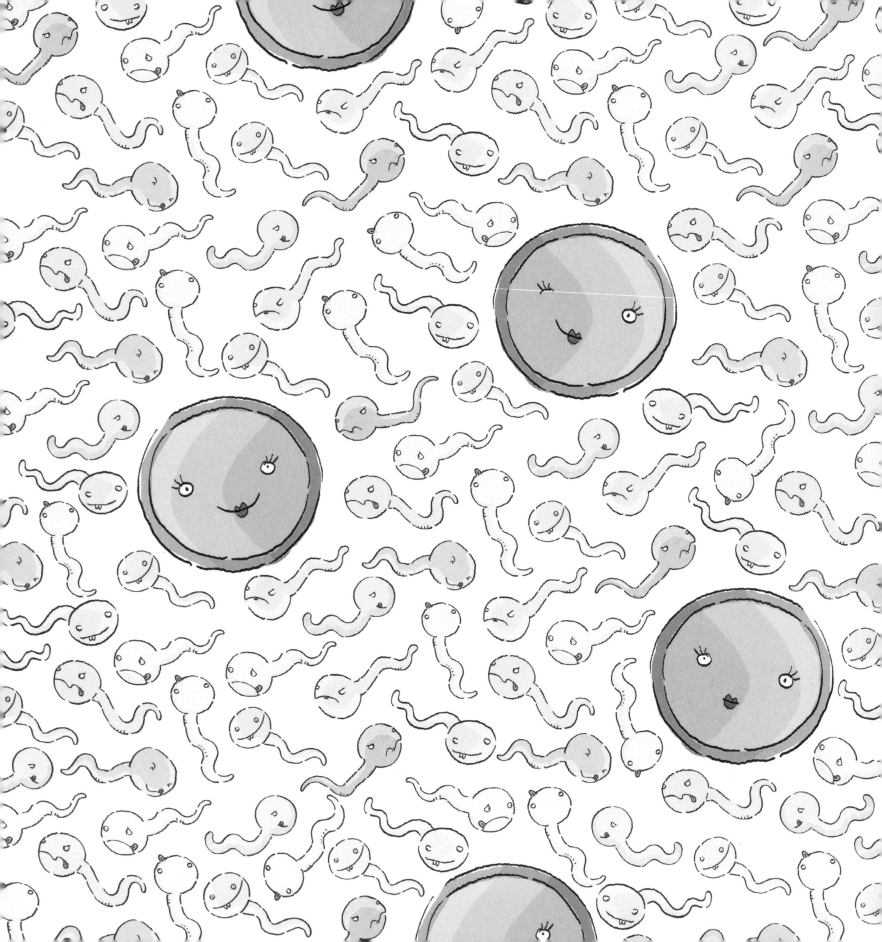